AF312681

1888. 1er Décembre.

512 | *Chambre des Commissaires-Priseurs*
Envoi à la Bibliothèque Nationale

Vente du Samedi 1er Décembre 1888

HOTEL DROUOT, SALLE N° 5

AQUARELLES

ET DESSINS

Gouaches et Miniatures

TABLEAUX

ANCIENS ET MODERNES

CADRES ANCIENS

EXPOSITION PUBLIQUE

LE VENDREDI 30 NOVEMBRE 1888

De une heure à cinq heures.

COMMISSAIRE-PRISEUR | EXPERT

Mᵉ PAUL CHEVALLIER | **M. E. FÉRAL**, peintre

10, rue de la Grange-Batelière. | Faubourg-Montmartre, 54.

IMPRIMERIE D. DUMOULIN ET Cie

Rue des Grands-Augustins, 5, à Paris.

AQUARELLES

ET DESSINS

IMPRIMERIE D. DUMOULIN ET Cⁱᵉ

Rue des Grands-Augustins, 5, à Paris.

CATALOGUE
D'AQUARELLES ET DESSINS

GOUACHES ET MINIATURES

ŒUVRES DE

BOILLY, BOUCHER, COCHIN, FRAGONARD, GILLOT,
HARPIGNIES, HUET, E. LAMI, MADOU, MOLYN, H. ROBERT,
ROYBET, SAINT-AUBIN, TIEPOLO, VERBOECKHOVEN

TABLEAUX

ANCIENS ET MODERNES

DONT LA VENTE AURA LIEU

HOTEL DROUOT, SALLE N° 5

Le Samedi 1er Décembre 1888

A deux heures

<table>
<tr><td>COMMISSAIRE-PRISEUR</td><td>EXPERT</td></tr>
<tr><td>Mᶜ PAUL CHEVALLIER</td><td>M. E. FÉRAL, peintre</td></tr>
<tr><td>10, rue de la Grange-Batelière</td><td>rue du Faubourg-Montmartre, 54</td></tr>
</table>

Chez lesquels se trouve le présent Catalogue.

EXPOSITION PUBLIQUE : le Vendredi 30 Novembre 1888

De une heure à cinq heures.

CONDITIONS DE LA VENTE

La vente sera faite au comptant.

Les acquéreurs payeront cinq pour cent en sus des enchères applicables aux frais.

DÉSIGNATION

TABLEAUX ANCIENS

ANTONNELLO de MESSINE (attribué à)

1 — *Portrait d'homme.*

CHARDIN (attribué à)

2 — *Nature morte.*

DANLOUX (attribué à)

3 — *Portrait de femme.*

DOMINIQUIN (LE)

4 — *Saint Jérôme écrivant.*

Tableau de la belle qualité du maître accompagné de la gravure qu'en a faite J.-B. de Boissieu.

GREUZE (d'après)

5 — *Portrait présumé de Mme Greuze.*

GREUZE (d'après)

6 — *L'œuf cassé.*

LÉPICIÉ (atrribué à)

7 — *Portrait de Diderot.*

ÉCOLE ANGLAISE

8 — *Officier supérieur de l'armée anglaise.*

NETSCHER

9 — *Un seigneur et une dame faisant de la musique.*

QUELLIN (Erasme)

10 — *Portrait d'un bourgmestre d'Anvers.*

ROBERT (Hubert)

11 — *Torrent et rochers.*

Tableau de forme ovale.

SAFT LEVEN

12 — *Le chat du saltimbanque.*

Petit tableau ayant figuré dans plusieurs collections connues.

WOUWERMAN (attribué à)

13 — *Choc de cavalerie.*

TABLEAUX MODERNES

ANDRIEUX

14 — *Cuirassier blessé.*

BROWN (John-Léwis)

15 — *Deux cavaliers dans un paysage.*

COIGNARD

16 — *Dans la vallée d'Auge. — Animaux et figures.*

COIGNARD

17 — *Belle étude d'animaux, dans la vallée d'Auge.*

DAUBIGNY (attribué à)

18 — *Petit paysage.*

LAPOSTOLET

19 — *Le vieux marché, à Rouen.*

LÉPINE

20 — *Paysage.*

Charmant tableau.

PETIT (Eugène)

21 — *Fleurs et ornements.*

PINCHART

22 — *Sur les bords de la mer.*

Pendant qu'un peintre étudie au haut de la falaise, sa
jeune femme, assise sur le premier plan, s'occupe de lecture.

TROUILLEBERT

23 — *Paysage*

AQUARELLES DESSINS
GOUACHES ET MINIATURES

BOUCHER (attribué à François)

24 — *Deux baigneuses.*

Gouache.

Cette peinture est accompagnée d'un commencement de gravure d'après Boucher.

BOUCHER (François)

25 — *Sujet pastoral.*

Gouache.

BOUCHER (attribué à)

26 — *Jeune femme portant un enfant et un panier.*

Gouache.

BOUCHER (F.)

27 — *Femme poussant devant elle un âne chargé.*
Dessin à la pierre noire.

BOUCHER (attribué à)

28 — *Nymphe couchée.*
Dessin.

DEMARTEAU

29 — *Sanguine.*

BILCOQ

30 — *Portrait d'homme.*
Aquarelle.

BERGHEM

31 — *Dessin à la sanguine.*

BÉNARD

22 — *Dessin à la pierre noire.*

COROT (attribué à)

33 — *Le parc de Cachant (juillet 1833).*
Aquarelle.

CARMONTEL

34 — *Petit portrait d'homme.*
Dessin-miniature.

COSTA

35 — *Le palais de Monaco et la tête de chien.*
Aquarelle.

COSTA

36 — *Paysage, près Gênes.*
Aquarelle.

COCHIN

37 — *Portrait d'homme.*
Dessin.

DROUAIS (attribué à H.)

38 — *Scène d'intérieur.*
Dessin.

DECAMPS (attribué à)

39 — *L'Enfant prodigue.*
Aquarelle.

DEGAULT

40 — *Frise et ornements.*
Aquarelle.

FRAGONARD (H.)

41 — *Paysage à la sanguine.*

Aquarelle.

FRAGONARD (H.)

42 — *Paysage à la sanguine.*

GUIARD (attribué à Mme)

43 — *Portrait de femme.*

GÉRARD (attribué à Mlle)

44 — *Groupe de personnages.*

Dessin.

GARD

45 — *Deux dessins au fusain.*

GRANET (attribué à)

46 — *La jeune mère.*

Dessin et lavis.

GILLOT (attribué à)

47 — *Réunion de comédiens.*
Dessin.

HUET (J.-B.)

48 — *Paysage à la gouache.*

HUET (J.-B.)

49 — *Personnages et animaux.*
Dessin rehaussé de sépia.

HOUEL

50 — *Paysage à la gouache.*

HOUEL

51 — *Joli dessin à la plume et rehaussé, orné
de belles figures et d'animaux.*

HOUEL

52 — *Pendant du précédent.*

HUYSUM (J. Van)

53 — *Fleurs à l'aquarelle.*
Belle esquisse.

HERSON

54 — *Une rue à Honfleur.*
Belle aquarelle.

ISABEY (attribué à)

55 — *Dames et Seigneurs montant un escalier.*
Aquarelle.

LÉLU

56 — *Monuments à Rome.*
Dessin rehaussé.

LEBRUN (attribué à Louise-Vigee)

57 — *Jeune fille tenant une corbeille de fleurs.*
Dessin aux trois crayons.

LEBRUN (attribué à Charles)

58 — *Femmes instruisant des enfants.*
Dessin rehaussé de lavis.

LEMOINE

59 — *La France, sous les traits d'une Reine.*
Dessin.

LEMOINE

60 — *Femme nue couchée.*
Sanguine.

LINDER (attribué à

61 — *Jeune femme à sa toilette.*
Aquarelle non terminée.

MOREAU-le-JEUNE (attribué à

62 — *La loge n° 13 ?...*

MOREAU-le-JEUNE (attribué à)

63 — *Dépendances d'un grand château.*
Dessin orné de fines figures. (Signé.)

MOREAU-le-JEUNE (attribué à)

64 — *Jeune veuve.*
Dessin à la pierre noire.

MOREAU (Louis)

65 — *Paysage avec chaumières et figures.*
Bon dessin du maître.

MOREAU (Louis)

66 — *Sujet dans un paysage ayant trait à l'histoire de Voltaire.*
Aquarelle.

MOREAU (Louis)

67 — *Petit paysage, à la gouache.*

MOREAU (Louis)

68 — *Paysage italien.*
Gouache.

MOREAU (attribué à)

69 — *Le temple de l'Amour, à Trianon.*
Aquarelle.

MALLET

70 — *Scène d'intérieur.*
Bon dessin sur papier bleu, dans la manière de Pru-
d'hon.

MARILLIER

71 — *Dessin d'ornement.*
Encre de Chine.

ÉCOLE MODERNE

72 — *Un mousquetaire.*
Dessin.

PRÉVOTS

73 — *Bouquet de fleurs.*
Gouache.

PILLEMENT (Jean)

74 — *Dessin aux deux crayons, orné de belles figures.*

PILLEMENT (Jean)

75 — *Dessin au crayon noir, orné de figures.*

PILLEMENT (Jean)

76 — *Pendant du précédent.*

PILLEMENT (Jean)

77 — *Joli et fin paysage, à la gouache.*

PILLEMENT (Jean)

78 — *Paysage orné de fines figures.*
Gouache.

PILLEMENT (Jean)

79 — *Pendant du précédent.*

PILLEMENT (Jean)

80 — *Paysage avec rivière et rochers.*
Dessin.

PILLEMENT (Jean)

81 — *Charmant dessin, à la pierre d'Italie.*

PANINI

82 — *Monuments et figures, au lavis d'encre de
Chine.*

PANINI

83 — *Ruines d'architecture.*
Dessin rehaussé.

PANINI

84 — *Monuments et figures.*

Dessin rehaussé.

PANINI

85 — *Une place à Rome.*

Dessin au lavis d'encre de Chine.

PIAZZETTA

86 — *Dessin à la plume.*

ROBERT (HUBERT)

87 — *Un quartier de la vieille Rome.*

Beau et important dessin, à la sanguine.

ROBERT (HUBERT)

88 — *Port et bateaux.*

Sanguine d'une exécution hardie.

ROBERT (attribué à H.)

89 — *Une villa, aux environs de Rome.*

Belle gouache ornée de jolies figures.

ROBERT (attribué à H.)

90 — *Statue de l'Hercule Farnèse.*

Dessin rehaussé.

ROBERT (Hubert)

91 — *Intérieur du palais du pape Jules II.*

Aquarelle.

ROBERT (Hubert)

92 — *Partie des jardins de la villa Médicis.*

Dessin rehaussé.

ROBERT (Hubert)

93 — *Pêcheurs sous une arche de pont.*

Dessin au crayon.

ROBERT (Hubert)

94 — *Villa Sachetti, près de Rome.*

Dessin rehaussé de lavis. Signé à gauche.

ROBERT (attribué à H.)

95 — *Sur le haut d'une colline, à l'ombre d'un saule, une jeune dame est assise faisant la lecture à une autre qui se tient debout devant elle,*

Gouache d'une belle couleur, dans un cadre sculpté.

ROSALBA (attribué à)

96 — *Jeune fille.*

Beau et fin pastel.

ROUSSEAU (M.)

97 — *Vue des Charmettes, ancienne demeure de Mme de Varens.*

Aquarelle.

SAINT-AUBIN (GABRIEL DE)

98 — *Dessin allégorique et curieux.*

SAINT-AUBIN

99 — *Scène pathétique.*

Dessin.

SARAZIN

100 — *Paysage à la sépia, pourvu de sa gravure.*

SARAZIN

101 — *Paysage au crayon, rehaussé de lavis.*

SOLIMÈNE

102 — *Dessin à la plume.*

TIEPOLO

103 — *Dessin rehaussé de sépia.*

VERNET (attribué à JOSEPH)

104 — *Paysage et marine.*

Dessin signé.

VERNET (attribué à CARLE)

105 — *Un cheval.*

Dessin à la plume.

VIGÉE (Louis)

106 — *Portrait d'une jeune femme.*
Beau pastel signé et daté.

WATTEAU (Antoine)

107 — *Études de mains.*
Dessin.

WATTEAU (de Lille)

108 — *Jeune femme tenant un éventail.*
Fin dessin.

ÉCOLE FRANÇAISE

109 — *Portrait du jeune duc de Choiseul.*
Miniature gouachée.

110 — *Plusieurs belles miniatures.*

111 — *Coffre en bois sculpté.*

112 — *Un buste de jeune femme.*
Terre cuite.

113 — *Sous ce numéro, les objets omis au présent catalogue.*

AQUARELLES ET DESSINS

Dépendant de la Collection de M. X***

ARCOS

114 — *La marchande de poteries.*

Dessin à la plume.

BALLUE (H.)

(DEUX PENDANTS)

115 — *Paysages.*

Effet d'orage et effet de soleil couchant.

BLARENBERGH (attribué à VAN)

116 — *La maison de campagne.*

Gouache.

BOILLY (LOUIS)

117 — *Les lorgneurs.*

Dessin à l'estompe et au crayon noir. Signé.

DESENNE (Al.-J.)
(DEUX PENDANTS

118 — *Sujets tirés de l'histoire romaine.*
Encre de Chine, rehaussée de blanc.

DESRAIS

119 — *Attaque d'un village.*
Scène de la Révolution française. Aquarelle.

DINKEL (d'après Van der Werf)

120 — *Sainte Madeleine.*
Aquarelle signée et datée 1790.

FRANCK

121 — *Guerrier blessé.*
Plume et sépia.

GUIGNÉ (Al.)

122 — *Le chemin du village.*
Aquarelle.

HARPIGNIES

123 — *Au bord du golfe de Naples.*
Aquarelle signée et datée de Naples 1867.

HERVIER

124 — *Paysanne montée sur un âne.*

Etude à l'aquarelle. Signée.

LAMI (Eug.)

125 — *L'idylle* (Alfred de Musset.)

Aquarelle ayant figuré à l'exposition des aquarellistes de 1887.

LELOIR (Louis)

126 — *La Justice.*

Figure allégorique. Mine de plomb rehaussée de blanc

MADOU

127 — *Buveur et fumeur.*

Belle aquarelle signée et datée 1853.

MADOU

128 — *La visite inattendue.*

Beau dessin. Plume et encre de Chine. Signé et daté 1843.

MADOU

129 — *Le nouveau-né.*

Dessin au crayon noir, rehaussé de blanc. Signé du monogramme, daté 49.

MOLYN (Pierre)

130 — *Chaumière et chemin sinueux.*

Beau dessin, à l'encre de Chine, signé et daté 1654.

MOREAU (attribué à L.)

131 — *Vue des usines qui existaient à la fin du XVIIe siècle aux environs de Poissy.*

Gouache.

OUDRY (J.-B.)

132 — *Vue prise dans un parc.*

Crayon noir rehaussé de blanc.

QUAST

133 — *Personnages grotesques entourant une jeune femme.*

Très curieuse aquarelle. Signée et datée 1749.

RAB

134 — *Environs de Menton.*
Aquarelle ovale.

ROYBET (F.)

135 — *Personnage assis, vu de dos.*
Dessin au crayon noir, rehaussé de blanc. Signé.

ROYBET (F.)

136 — *Gentilhomme debout tenant une épée.*
A la mine de plomb. Signé.

SAINT-AUBIN (G. DE)

137 — *Sujet mythologique et allégorique.*
Frontispice. Crayon et sépia. Signé des initiales.

SAINT-AUBIN (G. DE)

138 — *Jeune homme couché et étude de mains.*
Dessin à la pierre noire.

SIMONETTI

139 — *Femme italienne.*
Aquarelle.

SIMONI

140 — *Femme debout vêtue d'une robe de satin blanc.*

Aquarelle.

TIEPOLO (J.-B.)

141 — *Le Christ et la Samaritaine.*

Très beau dessin. Plume et sépia.

TIEPOLO (Dominique)

142 — *Le mariage de la Vierge.*

Très beau et important dessin à la sépia. Signé à gauche.

TIEPOLO (Dominique)

143 — *Six dessins. Sujets religieux et allégoriques.*

A l'encre de Chine et à la sépia.

TROOST

144 — *Le cerf-volant.*

Gouache. Signée.

VERBOECKHOVEN (Eug.)

145 — *Chèvre et chevreau.*

Fin dessin à la mine de plomb, avec dédicace à Talma, 183o.

VILETTI (F.)
(DEUX PENDANTS)

146 — *Le joueur de flûte.*

— *Le mangeur de macaroni.*

Dessins à la plume. Signés.

147 — *Sous ce numéro, six dessins ou aquarelles par Flandrin, Lauters, Malou, Delacourt, etc.*

www.ingramcontent.com/pod-product-compliance
Ingram Content Group UK Ltd.
Pitfield, Milton Keynes, MK11 3LW, UK
UKHW031730170726
13836UKWH00002B/552